いつものごはんにひと粒カンロ。頑張らなくてもプロの味

カンロ飴食堂

へようこそ

カンロ株式会社

JN012500

小学館

カンロ飴食堂へようこそ

「料理の味つけがなかなか決まらない……」
「簡単においしい料理が作りたい……」
そんな人におすすめなのが『カンロ飴食堂』の料理です。
カンロ飴を隠し味にして簡単に作れる定番おかずから
アイデアおかずまで、たくさんの料理を紹介しています。

醤油の深い風味のカンロ飴は、おかげさまで60年以上前から
日本の皆さまに愛されてきました。調味料（アミノ酸）を
添加せず、安心、安全な材料で作られていますので、
飴として楽しむだけではなく、さまざまな料理にも使えます。

本書では人気の料理ブロガー、インフルエンサー、
料理研究家が考えた煮物や炒め物、スイーツなどジャンルを
問わないレシピを多数紹介しています。
『カンロ飴食堂』の料理が、毎日の皆さまの料理作りの
お役に立てればうれしく思います。

カンロ株式会社

カンロ飴で簡単に
おいしい料理が作れる！

カンロ飴を入れるだけで料理がおいしくなる秘密を紹介します。
レシピのバリエーションも豊富なので、毎日の食卓で大活躍すること間違いなしです。

カンロ飴とは

1955年に発売されたカンロ飴は、醤油を使ったまろやかなコクと甘さが特徴です。カンロ飴の原材料は、砂糖、水飴、醤油、食塩だけ。素材を活かしたもの作りを探求し、調味料（アミノ酸）を添加せずに作られています。安心のおいしさで、普段の料理をさらに底上げしてくれます。

味のバリエーションが豊富なカンロ飴

定番のカンロ飴以外にも塩カンロ飴とミルクのカンロ飴があります。それぞれの味わいの特徴を生かして料理に使えば、定番のカンロ飴とは違った味わいが楽しめます！！

塩カンロ飴

カンロ飴に使用する醤油のコクと、室戸産海洋深層水の塩のほどよい塩味がマッチした味わい。

ミルクのカンロ飴

カンロ飴の甘じょっぱいコクとミルクのまろやかさが融合したクセになる味わい。

入れるだけで
味が決まる

いつもの料理の調味料を、カンロ飴に替えるだけで簡単に
味が決まります。「味つけが苦手」という人はぜひ、カンロ
飴食堂のレシピで作ってみてください。カンロ飴のコクの
ある甘味は和風でも洋風でも料理のジャンルを選ばないた
め、使い勝手が抜群です。また、どんな食材とも合うの
で、あらゆる料理に使えるのが大きな特徴です。

おいしさの 秘密 2

味に深みが出て
コクが増す

カンロ飴は特別な条件で加熱しているので、ひと粒にコクとおいしさが凝縮しています。そのため料理に使用すると味に深みを出すことができます。また、甘味がまろやかで風味があるため、酢やトマトなどの酸味や辛味とも相性抜群です。

おいしさの 秘密 3

仕上がりに
照りが出る

加熱するとカンロ飴の水飴の成分が溶けて食材の表面を覆うので、自然と料理に照りとつやが出てきます。そのため普段の料理よりも、味はもちろん、見た目にもおいしくなって食欲をそそる料理に変身します。

おいしさの
秘密
4

料理の
バリエーションが豊富

炊飯器に入れるだけで
味つけ完了

炊飯釜に食材とカンロ飴を入れるだけでOK。カンロ飴がほどよく溶けて味に深みのあるおかずが完成します。

ご飯ものやおかずだけではなく、お菓子作りにもカンロ飴は活躍します。優しい甘味で大人から子どもまで楽しめる味わいにしてくれます。

持ち運びが便利で
キャンプでも大活躍

料理だけではなく
お菓子作りにも使える

調味料をたくさんそろえなくても、カンロ飴があれば料理が作れます。キャンプなどのアウトドアシーンでも持ち運びが簡単で、使い勝手が抜群です。

7

カンロ飴の溶かし方

水や調味料でカンロ飴を溶かすだけで、
炒め物など、作れる料理の幅が広がります。
やりやすい方法で溶かしてみてください。

そのままおいて溶かす場合

そのまま おくだけ

水や調味料に漬けておけば溶かせます。時間があるときに作っておきましょう。

1

深めのボウルや器にカンロ飴を入れる。

2

水や調味料を入れ、3〜4時間おいておく。

湯で溶かしてもOK

水ではなく、沸かした湯を入れれば、水から作る場合よりも早く溶けます。

電子レンジで溶かす場合

ラップをして チンするだけ

すぐに料理に使いたいときは、電子レンジを使って溶かすのがおすすめです。

1

深めの耐熱ボウルにカンロ飴を入れる。

2

水や調味料を入れる。

3

ふんわりとラップをし、電子レンジで4分加熱する。

溶け残りがあった場合

4分加熱してもカンロ飴の溶け残りがあった場合は、熱いうちにスプーンなどでかき混ぜて溶かせばOKです。

　▶　

Contents

PART

1

カンロ飴食堂の定番！

人気の大好評レシピ

PART

2

いつもの料理が
簡単においしく！

長田知恵(つき)さんの

本格定番
おかず

Column ❶

カンロ飴は持ち運べる調味料

極上キャンプ
レシピ

PART

3

道具ひとつで
チャチャッと
手軽に！

あいさん の
/////////////
フライパン
おかず

Column ❷

甘じょっぱくてやみつきになる！

魅惑の裏技
レシピ

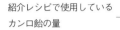

本書の使い方

本書のレシピの見方やレシピ表記の注意点について紹介します。

紹介レシピで使用している
カンロ飴の量

おつまみとしても
楽しめるおかず

優しい甘味でとろとろ食感が◎

豚の角煮

【材料 4人分】
豚バラブロック肉…800g
水…1500㎖
しょうが（薄切り）…3枚
A ┌ カンロ飴…10個
　├ 酒・醤油…各100㎖
　├ 水…500㎖
　└ しょうが（薄切り）…5枚
ゆで卵…4個
白髪ねぎ・和辛子…各適量

【作り方】
1 豚肉を3cm幅に切る。
2 鍋に1、水、しょうがを入れて沸騰してから30分ほど下ゆでする。
3 2の湯を捨て、豚肉を流水で洗う。
4 鍋にAとゆで卵を加えて煮立ったらゆで卵を取り出し、弱火で1時間ほど煮る。
5 中火で煮汁がとろりとするまで煮詰める。器に盛り、白髪ねぎ、和辛子を添える。

おべんとうに入れて
も楽しめるおかず

塩カンロ飴、ミルクのカンロ飴でも作れるレシピ

\塩カンロ飴でも/
塩カンロ飴に替えて作って
も楽しめるレシピ
※塩カンロ飴の個数は味を見
て加減してください。

ミルクのカンロ飴
5個で作っても

ミルクのカンロ飴に替えて
作っても楽しめるレシピ
※定番のカンロ飴とは飴の大
きさが違うため、使う個数
は変わります。

レシピ表記について

＊計量単位は大さじ1＝15㎖、小さじ1＝5㎖、1合＝180㎖です。
＊調味料は醤油は濃口醤油、塩は食塩、砂糖は上白糖を使用しています。
＊電子レンジの加熱時間は記載のないものは600Wを基準にしています。500Wの場合は1.2倍にしてください。
＊電子レンジやトースターは機種やメーカーによって違いがありますので、様子を見ながら加減してください。

カンロ飴食堂の定番！

人気の
大好評レシピ

カンロ株式会社のホームページで紹介している
大好評のレシピばかりを集めました。
カンロ飴を使って簡単に作れる主菜から副菜、
スイーツまでバラエティ豊かな料理を紹介していますので、
気になる料理を作ってみてください!!

レシピ制作：角田真秀
※2020年カンロ飴食堂サイトレシピ監修
※洋風肉じゃが、豚の角煮、かぼちゃのア
イスクリーム、大学いもは除く

バターの風味とカンロ飴がマッチ

洋風肉じゃが

《材料 2~3人分》

豚バラブロック肉…150g
玉ねぎ…1/2個
じゃがいも…小4個
にんじん…1/2本
しらたき…100g
スナップえんどう…2個
サラダ油…大さじ1
酒…100㎖
水…150㎖
カンロ飴…5個
醤油…大さじ1と1/2
バター…20g

《作り方》

1 豚肉は1cm幅に切り、玉ねぎは2cm幅のくし形に切る。じゃがいも、にんじん、しらたきは食べやすく切る。スナップえんどうは筋を取り、塩ゆでして半分に切る。

2 鍋にサラダ油を入れて中火で熱し、豚肉を入れて焼き色がつくまで焼く。

3 肉の色が変わったら、じゃがいも、にんじん、玉ねぎ、しらたきを加え、しっかりと炒める。

4 酒を加えてひと煮立ちさせ、水、カンロ飴を加え、アクが出たら取り、落としぶたをして中火で15分煮込む。

5 醤油を加えてひと煮立ちさせ、落としぶたをして弱火でさらに10分煮る。

6 仕上げにバターを加え、上下を返しながら煮詰める。器に盛り、スナップえんどうを飾る。

Point
ブロック肉を使うので、食べごたえのあるボリュームおかずに。

優しい甘味でとろとろ食感が◎

豚の角煮

《材料 4人分》

豚バラブロック肉…800 g

水…1500㎖

しょうが（薄切り）…3枚

A｜ カンロ飴…10個

　｜ 酒・醤油…各100㎖

　｜ 水…500㎖

　｜ しょうが（薄切り）…5枚

ゆで卵…4個

白髪ねぎ・和辛子…各適量

《作り方》

1 豚肉は3cm幅に切る。

2 鍋に1、水、しょうがを入れて沸騰してから30分ほど下ゆでする。

3 2の湯を捨て、豚肉を流水で洗う。

4 鍋に3とAを加えて煮立ったらゆで卵を加え、弱火で1時間ほど煮る。

5 中火で煮汁がとろりとするまで煮詰める。器に盛り、白髪ねぎ、和辛子を添える。

自宅でもキャンプでも楽しめるレシピ

ダッチオーブンで作る
タンドリーチキン

おつまみにも

《材料 2〜3人分》

鶏もも肉…2枚

A | カンロ飴…2個
　　 | 醤油…大さじ2

B | おろしにんにく・
　　 | 　おろししょうが…各1片分
　　 | プレーンヨーグルト
　　 | 　…大さじ3
　　 | カレー粉…大さじ1と1/2
　　 | 酢…大さじ1

パプリカ…1/2個

オリーブ油…大さじ1と1/2

《作り方》

1　鶏肉はひと口大に切る。**A**は溶かす（溶かし方はp.8〜9参照）。

2　**B**に**1**を入れ、1時間ほど漬ける。パプリカは縦半分に切り、種とヘタを取って縦4等分に切る。

3　ダッチオーブンにオリーブ油を入れて弱めの中火で熱し、パプリカを皮目から焼く。汁気を切った鶏肉を入れ、両面をこんがり焼きつけてから漬け汁を加え、軽く煮詰める。

Point

ダッチオーブンではなく、ふつうの厚手の鍋でも作れます。屋外で作る場合は、自宅でジッパーつき保存袋に切った鶏肉と**A**、**B**を入れて（保冷して3〜4時間漬ける）持ち運べば、あとは焼いて煮るだけで作れます。

だし汁とカンロ飴でコクのあるめんつゆに

いろいろ野菜の揚げ浸し ⣿

《材料 2〜3人分》

A| だし汁…300㎖
　| カンロ飴…5個
醤油…大さじ5
大根・しょうが…各適量
お好みの野菜…各適量
　※なす、ピーマン、ししとう、
　かぼちゃ、れんこん、
　里いもなど
揚げ油…適量

《作り方》

1 鍋にAを入れて熱し、カンロ飴が溶けたら醤油を加え、冷ます。

2 大根、しょうがはすりおろし、1に加える。

3 食べやすく切った野菜を揚げ、油を切って2に浸す。

Point
野菜は季節に合わせてお好みで作ってもOKです。だしはかつおだしがおすすめです。

フライパンで作れるお手軽な煮魚

鮭の甘酢煮

《材料 2人分》

カンロ飴…4個	塩…小さじ1
水…大さじ5	生鮭(切り身)…2切れ
酒…大さじ3	ゆで卵…1個
酢…大さじ5	ほうれん草(ゆでる) …適量

《作り方》

1 フライパンにカンロ飴、水、酒を入れて火
　にかけ、飴を溶かす。

2 飴が溶けたら酢と塩を加え、鮭とゆで卵を
　並べる。スプーンで汁をかけながら、中弱
　火で7分煮て火を通す。器に鮭とゆで卵と
　ほうれん草を盛る。

Point
鮭の代わりに、豚肉や鶏手羽元で
作ってもおいしく楽しめます。

カンロ飴を使えば
照りのある仕上がりに

きんぴら

おべんとうにも

《材料 4～5人分》

	A
れんこん・にんじん 　ごぼうなど 　合わせて…400g	カンロ飴…1個 醤油・みりん 　…各大さじ1
ごま油・酒 　…各大さじ1	白炒りごま…大さじ1

《作り方》

1 野菜は洗って食べやすい大きさに切る。

2 フライパンにごま油を入れて熱し、1を入れ
　て中火で全体を炒める。酒を加え、ふたを
　して蒸らし煮する。

3 溶かしたA(溶かし方はp.8～9参照)を加え
　て全体を炒め、仕上げに白炒りごまをふる。

カンロ飴を使って深みのある味わいに

カレーライス ⋮

《材料 3〜4人分》

鶏もも肉…1枚
塩…ふたつまみ
小麦粉…大さじ1
にんにく・しょうが…各1片
玉ねぎ…1/2個
にんじん…1本
じゃがいも…1個
サラダ油…大さじ1
カンロ飴…2個
カレー粉…大さじ2
ホールトマト缶…1缶（400ｇ）
水…100㎖
みそ…大さじ2

《作り方》

1 鶏肉は食べやすい大きさに切り、塩と小麦粉をまぶす。

2 にんにくとしょうがはみじん切りにする。玉ねぎはくし形切りにし、にんじんは乱切りに、じゃがいもは8等分に切る。

3 鍋にサラダ油とにんにく、しょうがを入れて弱火で熱し、香りが出たら玉ねぎと1、カンロ飴を入れて中火で炒める。

4 玉ねぎがしんなりして、鶏肉が白っぽくなったら、にんじん、カレー粉を加えてさらに炒め、ホールトマトを加えて潰しながら火を通す。

5 じゃがいもと水に溶いたみそを加え、中弱火でふたをして20分煮込む。

Point
カンロ飴を少量の水で溶かしてから
使えば、より簡単に調理できます。

カンロ飴を使ってもちっとした食感に

ベーコンとまいたけの
炊き込みご飯

《材料 2~3人分》

米…2合
ベーコン…70g
まいたけ…1/2パック
A｜醤油…小さじ2
　｜酒…大さじ1
　｜カンロ飴…1個
昆布（乾燥）…3cm角

《作り方》

1 米は洗って水気を切る。ベーコンは1cm幅に切り、まいたけは食べやすい大きさに切る。

2 炊飯釜に米、Aを入れ、水（分量外）を2合の目盛りまで入れ、1と昆布をのせて炊く。

Point
冷めてもおいしく、ご飯のまとまりがよいので、おにぎりにしても◎。

カンロ飴でつやのある仕上がりになる

栗おこわ

《材料 2~3人分》

米…2合
酒…大さじ1
カンロ飴…4個
栗…80g（皮つきは400g）
塩…ふたつまみ
黒炒りごま…適量

《皮つきの栗を使う場合の下準備》
栗を30分以上水に浸けておき、
包丁で鬼皮をむき、渋皮もむく。
さらに水に30分ほど浸けてアク
を抜き、水気をふいて半分に切
る。

《作り方》

1 米は洗い、水気を切る。

2 炊飯釜に1と酒、カンロ飴を入れ、水（分量外）
を2合の目盛りまで入れる。

3 栗、塩を加えて炊き、器に盛り、黒炒りごまを散
らす。

Point
もち米で作っても同様においしく楽
しめます。その場合の水の量は、も
ち米と同量にしてください。

りんごの酸味とカンロ飴でほどよい甘味に

甘煮りんご入りスイートポテト

ミルクのカンロ飴
\3個で作っても/

《材料 2~3人分》

さつまいも…中2本
りんご…1個
水…100㎖
カンロ飴…2個
生クリーム…50㎖
ピーナッツバター…30g
シナモンパウダー…適量

Point

ピーナッツバターを白ごまペーストに替えれば、和風でコクのある仕上がりに。その場合は、はちみつ（適量）を加えてください。

《作り方》

1 さつまいもはよく洗い、蒸す。やわらかくなったら皮をむき、つぶす。

2 りんごは皮をむき、1cm角に切って塩水（分量外）につけ、ざるに上げる。

3 鍋に水とカンロ飴を入れて溶かし、2を加えて半透明になるまで火を通す。

4 ボウルに1、3、生クリーム、ピーナッツバターを入れて混ぜる。

5 8等分に成形してシナモンパウダーをふり、200度で予熱したオーブンで15~16分焼く。

手がかかる飴細工もカンロ飴で簡単に♪

かぼちゃのアイスクリーム ●●●● ●●●●

《材料 2~3人分》

かぼちゃ…250g

A｜ カンロ飴…4個
　　砂糖…30g
　　生クリーム…100㎖
　　牛乳…200㎖

カンロ飴（トッピング用）…4個

Point

かぼちゃが水っぽい場合は、Aで使う牛乳の量を減らすなどして加減してください。

《作り方》

1 かぼちゃはラップに包んで電子レンジ（500W）で3分加熱する。やわらかくなったら粗熱を取り、皮を除いてひと口大に切る。

2 鍋にAを入れ、1/2の量になるまで弱火で煮詰め、粗熱を取る。

3 ミキサーに1と2を加え、なめらかになるまで混ぜる。

4 別容器に移し、途中で混ぜながら冷凍庫で約1時間冷やす。

5 耐熱皿にクッキングシートを敷き、トッピング用のカンロ飴をおいて電子レンジで1分加熱する。

6 飴が溶けたらすぐにクッキングシートをかぶせ、上からボウルなどで押しつけ、平らにする。

7 冷めたら飾り用の飴を残して細かく砕き、4に混ぜる。器に盛り、飾り用の飴を飾る。

揚げないレシピでお手軽&ヘルシー

大学いも ●●●●
●●●

Point
カンロ飴7個、水30㎖、ひと口大に切ったさつまいも1本分を炊飯釜に入れて炊いても作れます。

《材料 2〜3人分》

カンロ飴…7個	さつまいも…中1本
水…150㎖	黒炒りごま…適量

《作り方》

1 カンロ飴と水を小鍋に入れて中火で熱し、溶かして煮詰め、冷ます。

2 さつまいもは洗い、濡れたキッチンペーパーで包み、その上からラップで包む。

3 耐熱皿にのせ、電子レンジで1分半加熱し、その後500Wの電子レンジで4分加熱する。竹串を刺して硬ければ追加で30秒ずつ加熱する。

4 3をひと口大に切って1を和え、器に盛り、黒炒りごまを散らす。

カラメルソースもカンロ飴で簡単に作れる

プリン ●●●●
●●●

Point
余ったカラメルソースは、バニラアイスにかけても◎。

《材料 2〜3人分》

A	カンロ飴…7個	プリン液
		卵…5個　卵黄…1個
	水…150㎖	砂糖…80g
		牛乳…500㎖

《作り方》

1 Aの材料を小鍋に入れて中火で熱し、溶かして煮詰め、冷ます。

2 プリン液を作る。別の鍋に牛乳を入れ、沸かさないように温める。

3 ボウルに卵を割り入れ、卵黄と砂糖を加えて泡立て器で擦り混ぜる。2を少しずつ加えながら泡立てないように混ぜ、濾して型に入れる。

4 天板に3をおいて天板に熱湯を注ぎ、160度に予熱したオーブンに入れて40〜50分湯煎焼きにする。

5 焼き上がったら冷蔵庫の中でひと晩冷やし、1をかける。

いつもの料理が
簡単においしく！

長田知恵(つき)さんの
本格定番
おかず

人気料理ブロガー長田知恵(つき)さん考案の
定番おかずを紹介します。
普段の料理にカンロ飴を使えば、味つけが簡単に決まります。
料理が苦手な人にもおすすめのレシピばかりですので、
気になるものを作ってみてください!!

Profile

長田知恵(つき)

家庭料理研究家・料理ブロガー。
身近な食材で簡単に作れる、ごはんやお菓子を日々
ブログやInstagramにて更新中。アメーバ公式トップ
ブロガー。最新刊『「つきの家族食堂」魔法の万能だ
れ』（扶桑社）のほかに著書2冊。
アメーバブログ：https://s.ameblo.jp/moon3sun8
Instagramアカウント：@tsukicook

カンロ飴を加えて甘酢あんがまろやかに

肉団子の甘酢あん ：

おべんとうにも

《材料 2人分》

A 豚ひき肉…300g
卵…1個
片栗粉…大さじ2
塩…ふたつまみ
しょうが（チューブ）…2cm分
B トマトケチャップ…大さじ2
酢・醤油…各大さじ1
片栗粉…小さじ1
水…50㎖
C カンロ飴…2個
水…大さじ2

《作り方》

1 ボウルにAを入れて混ぜ、12等分にして丸める。

2 フライパンにサラダ油（分量外）を底から2cmほど入れて中火で熱し、1を入れる。5〜6分ほど転がしながら揚げる。

3 耐熱ボウルに、Bと溶かしたC（溶かし方はp.8〜9参照）を混ぜ合わせ、電子レンジで2分ほど加熱する。

4 取り出して混ぜ合わせ、2を加えて全体に絡める。

Point
工程3の加熱後の甘酢あんはさらっとしていますが、すぐにとろみが出てきます。

カンロ飴で照りつやな仕上がりになる

手羽元のさっぱり煮

《材料 2人分》

鶏手羽元…6本
サラダ油…小さじ2

A カンロ飴…3個
　　水…50㎖
　　酢・酒…各大さじ3
　　醤油…大さじ2

ゆで卵…2個

Point

ゆで卵はジッパーつき保存袋でタレと一緒に漬け込むと簡単に味がしみ込みます。仕上げに片栗粉でとろみをつけてもOKです。

《作り方》

1 手羽元は骨にそって切り込みを入れ、サラダ油を中火で熱した小さめのフライパンに入れて、全体に色が変わるまで焼く。

2 Aを加え、落としぶたをして弱火で15分、ときどき上下を返しながら煮込む。

3 落としぶたを取り、弱中火で10分ほど、汁気が1/3以下になりつやが出るまで煮込む。

4 最後にゆで卵を加え、タレを回しかけ、5分ほどおく。

カンロ飴の風味が油揚げに優しくしみ込む

きんちゃくつくね

《材料　2〜3人分》

油揚げ…3枚
にんじん…1/4本
芽ひじき（乾燥・水で戻す）…少々
A｜鶏ももひき肉…300g
　｜塩…ふたつまみ
　｜酒・片栗粉…各大さじ1
　｜しょうが（チューブ）…2cm分
B｜カンロ飴…2個
　｜水…400㎖
　｜醤油…大さじ1
　｜和風だしの素（顆粒）…小さじ1

《作り方》

1　油揚げはキッチンペーパーで押さえて油を取り、半分に切る。にんじんは細かいみじん切りにする。水で戻した芽ひじきは、よく洗って水気を切る。

2　ボウルにAとにんじん、芽ひじきを入れて混ぜ、6等分にし、油揚げに入れて爪楊枝で口を留める。

3　小鍋に2を並べ、Bを加えて中火にかける。

4　沸騰したら弱めの中火にし、落としぶたをして途中で裏返しながら12分ほど煮る。

Point

漬け込み時間がない場合は、1時間ほど漬け、タレをはけでぬりながら焼けばOK。フライパンで焼く場合は弱火でじっくりと焼いてください。

カンロ飴を使えば砂糖もみりんも必要なし

鮭のごまみりん漬け風 :

《材料 2人分》

生鮭(切り身)…2切れ　　醤油…大さじ3

A｜カンロ飴…2個　　　白炒りごま…適量
　｜水…大さじ2

《作り方》

1 鮭はキッチンペーパーで水気をふく。Aは溶かす(溶かし方はp.8〜9参照)。

2 ジッパーつき保存袋に1と醤油を入れ、空気を抜いて袋を閉じ、冷蔵庫で半日おく。

3 2の汁気を軽く切り、白炒りごまを全体につけて魚焼きグリルで焼く。

おべんとうにも

おべんとうにも

優しい甘味がかぼちゃをさらにおいしく

かぼちゃの煮物 ::

《材料 作りやすい分量》

かぼちゃ　　　　　　B｜醤油…大さじ1
…1/4個(400g)　　　｜塩…小さじ1/5

A｜カンロ飴…3個
　｜水…250mℓ

《作り方》

1 かぼちゃはワタを取り、皮の硬い部分をところどころむいて5cm大に切る。

2 小鍋に1を並べ、Aを加えて中火で熱し、煮立ったらBを加え、落としぶたをしてときどきフライパンを揺すりながら弱火で10分ほど煮る。

Point

鍋をときどき揺すりながら煮ると飴が溶けやすくなります。

コクのある味わいがご飯にぴったり

牛丼

《材料 2人分》

玉ねぎ…1/2個
A｜カンロ飴…3個
　｜水……200ml
　｜醤油・酒
　｜　…各大さじ2
　｜和風だしの素
　｜（顆粒）…小さじ1/2

牛薄切り肉
　…200g
ご飯…2杯分
紅しょうが
（お好みで）
…適宜

《作り方》

1 玉ねぎは薄切りにする。

2 小鍋にAを入れて中火で熱し、煮立ったら
1と牛肉を加える。ときどき混ぜながら弱火
で10〜15分ほど煮る（途中アクを取る）。

3 器にご飯を盛り、2をのせ、お好みで紅しょ
うがを添える。

カンロ飴を加えて作ればまろやかなコクに

味つけ卵

《材料 4個分》

卵…4個
A｜カンロ飴…2個
　｜水…大さじ2

醤油…大さじ2

《作り方》

1 鍋にたっぷりの湯を沸かし、常温に戻した
卵をそっと入れて7分ゆでる。すぐに流水に
さらして冷やし、ひびを入れてから水の中で
殻をむく。

2 ジッパーつき保存袋に溶かしたA（溶かし方
はp.8〜9参照）と醤油を加えて味をなじま
せ、空気を抜いて冷蔵庫でひと晩漬ける。

Point
写真のようにジッパーつき保存袋
に入れて漬けてください。卵の固
さはお好みで（半熟なら7分・固
ゆでなら10分）OKです。

カンロ飴がトマトクリームのうま味を引き立てる

鶏肉のトマトクリーム煮 ●

おつまみ
にも

《材料 2人分》

鶏もも肉…1枚(300g)

塩・こしょう…各少々

薄力粉…適量

しめじ…1/2袋

ブロッコリー…1/4株

オリーブ油…小さじ2

A｜カットトマト缶
　　…1/2缶(200g)
　　コンソメスープの素(顆粒)
　　…小さじ1
　　カンロ飴…1個
　　にんにく(チューブ)…3cm分

B｜牛乳…50mℓ
　　粉チーズ…大さじ2

《作り方》

1 鶏肉はひと口大に切り、塩、こしょうをふって薄力粉をまぶす。しめじは石づきを取って小房に分け、ブロッコリーは小房に分けてゆでる。

2 フライパンにオリーブ油を入れて中火で熱し、鶏肉を並べる。片面を2分ずつ焼き、フライパンの余分な油をふき取る。

3 しめじとAを加え、煮立ったらふたをしてときどきフライパンを揺すりながら弱火で5分ほど煮る。

4 ふたを取り、Bを加えて混ぜ合わせ、ひと煮立ちしたらブロッコリーを加え、塩、こしょうで味を調える。

Point
牛乳の代わりに生クリームを使えばよりコクが出ます。

カンロ飴を加えたソースでコク深い味わいに

オニオンソースで
ポークソテー

《材料 2人分》

豚ロース（とんかつ用）…2枚
塩・こしょう…各少々
玉ねぎ…1/8個

A｜カンロ飴…2個
　　水…大さじ2

B｜醤油・酒…各大さじ2
　　トマトケチャップ・酢
　　　…各小さじ1
　　にんにく（チューブ）…2cm分

《作り方》

1 豚肉は筋切りをし、塩、こしょうをふる。玉ねぎは
　すりおろす。

2 フライパンを中火で熱し、豚肉を並べ、4分ほど焼
　いたら裏返して2分ほど焼く。

3 2に玉ねぎ、溶かしたA（溶かし方はp.8〜9参
　照）、Bを加えて中火で熱し、軽く煮詰める。

カンロ飴がトマトの酸味をまろやかに

ミートソース

《材料 作りやすい分量》

玉ねぎ…1個
にんじん…1/3本
にんにく…1片
オリーブ油（またはサラダ油）
　…小さじ2
牛豚合びき肉…300g
A｜カンロ飴…1個
　｜カットトマト缶…1缶（400g）
　｜酒…大さじ4
　｜トマトケチャップ・
　｜　中濃ソース…各大さじ2
　｜コンソメスープの素（顆粒）
　｜　…小さじ1/2
　｜塩…ふたつまみ
　｜ローリエ（あれば）…1枚

《作り方》

1 玉ねぎ、にんじん、にんにくはみじん切りにする。

2 フライパンにオリーブ油とにんにくを入れて弱火で熱し、香りが出たらひき肉を加えて中火にし、色が変わるまで炒める。1を加え、しんなりするまでさらに3分ほど炒める。

3 Aを加え、弱火で15分ほど、水分が減ってとろりとするまで炒め煮にする。

Point
ひき肉は色が変わり透明な脂が出るまでしっかりと炒めてください。中濃ソースはウスターソースでも代用可能です。

うま味のある甘辛ソースが味の決め手に

ヤンニョムチキン

おつまみ
にも

《材料 2人分》

鶏もも肉…1枚（300g）

塩・こしょう…各少々

片栗粉…適量

ごま油…大さじ1

A｜カンロ飴…2個

　｜水…大さじ2

B｜トマトケチャップ…大さじ1

　｜醤油・コチュジャン

　｜　…各大さじ1/2

　｜にんにく（チューブ）…2cm分

サニーレタス・白炒りごま・

　糸唐辛子…各適量

《作り方》

1 鶏肉はひと口大に切り、塩、こしょうをふって片栗
　粉をまぶす。

2 フライパンにごま油を入れて中火で熱し、1の皮目
　を下にして並べ、4分ほど焼いて裏返し、さらに2
　分焼く。

3 フライパンの余分な油をふき取り、溶かしたA（溶
　かし方はp.8〜9参照）とBを加え、煮絡める。器
　にサニーレタスとともに盛り、白炒りごまをふって糸
　唐辛子をのせる。

Point

鶏むね肉でも代用可能です。コチュ
ジャンの量はお好みでもOKで
す。

カンロ飴のコクのある甘味でクセになる味

薄切り肉で簡単！
ルーロー飯

《材料 2人分》

豚バラ薄切り肉…200g
しいたけ…2個
にんにく…1片
しょうが…1片
チンゲン菜…適量
サラダ油…小さじ2
A｜カンロ飴…2個
　｜水…150㎖
　｜醤油…大さじ1
　｜オイスターソース・酒
　｜　…各大さじ2
水溶き片栗粉
　｜水…大さじ2
　｜片栗粉…小さじ2
ご飯…2人分
白髪ねぎ…適量
五香粉（お好みで）…適宜

《作り方》

1 豚肉は2cm幅に切る。軸を取ったしいたけ、にんにく、しょうがは細かく刻み、チンゲン菜はゆでる。

2 フライパンにサラダ油を入れて弱中火で熱し、しょうがとにんにくをじっくりと炒める。香りが出たら、豚肉としいたけを加え、肉の色が変わるまで炒める。

3 Aを加え、煮立ったらアルミホイルをかぶせ、ときどき混ぜながら5分ほど煮る。混ぜ合わせた水溶き片栗粉を加え、とろみがついたら火を止める。

4 器にご飯を盛り、3をのせ、チンゲン菜と白髪ねぎを添える。お好みで五香粉をふる。

Point
水溶き片栗粉を入れるときは、混ぜながら入れてください。一度火を止めてから入れてもOKです。

ふわふわ卵とカンロ飴の優しい甘味が◎

ふわとろカニかま天津飯 ●

《材料 2人分》

卵…3個

水…大さじ2

カニ風味かまぼこ…60g

A| カンロ飴…1個
 | 水…大さじ2

B| 水…200㎖
 | オイスターソース…大さじ1
 | 酢・酒・片栗粉…各小さじ2
 | 鶏ガラスープの素(顆粒)
 | …小さじ1

サラダ油…大さじ2

ご飯…2人分

小ねぎ(小口切り)…適量

《作り方》

1 ボウルに卵と水を入れて混ぜる。カニ風味かまぼこは手で裂いて加え、混ぜ合わせる。

2 小鍋に溶かしたA（溶かし方はp.8〜9参照）とBを入れて混ぜ、中火で熱し、とろみがつくまで熱する。

3 フライパンにサラダ油を入れて強火で熱し、1を流し入れ、箸で大きくかき混ぜる。半熟状になったら火を止め、ご飯を盛った器にのせて2をかけ、小ねぎを散らす。

カンロ飴でご飯がつやつやの仕上がりに

ツナときのこの
炊き込みご飯

《材料 2合分》

しいたけ…2個

しめじ…1/3袋

にんじん…1/3本

米…2合

ツナ缶（油漬）…1缶（70g）

A｜醤油…大さじ1

　　和風だしの素（顆粒）

　　　…小さじ1

　　塩…ひとつまみ

カンロ飴…1個

枝豆（ゆでる）…適量

《作り方》

1　しいたけは軸を取って薄切りにし、しめじは石づきを取って小房に分ける。にんじんは3cm長さの細切りにする。

2　炊飯釜に研いだ米とA、水（分量外）を2合目の目盛りまで入れてかき混ぜる。

3　2に1とツナ（油ごと）、カンロ飴を入れて炊く。炊けたら、ゆでた枝豆を加えて底から混ぜて器に盛る。

Point

米は30分ほど浸水させてください。

カンロ飴は持ち運べる調味料
極上キャンプ

カンロ飴はキャンプでも大活躍。鍋やフライパンに入れるだけで味つけ完了。

あとは 焼くだけ

ジッパーつき保存袋 持ち運びレシピ

鶏肉にカンロ飴の 優しい甘味が よくしみ込む♪

Point
自宅でジッパーつき保存袋にカンロ飴と調味料を入れて持ち運べば、あとは焼くだけで作れます。

手羽元の グリル

塩カンロ飴でも

おつまみ にも

《材料 2人分》

鶏手羽元…6本

A ┃ カンロ飴…2個
　┃ 酒…大さじ3
　┃ 塩…小さじ1/2

お好みの野菜…適量
※パプリカ、ズッキーニなど

《作り方》

1 手羽元は骨にそって切り込みを入れる。

2 ジッパーつき保存袋に1とAを入れてよくもみ、保冷をして3〜4時間ほど漬ける。

3 フライパンまたは焼き網に2と食べやすく切った野菜を並べて焼き色がつくまで焼く。

レシピ

ボリュームたっぷりのおかずやスープ、スイーツまで幅広いレシピを紹介します。

カンロ飴の甘味と
レメンの酸味が
絶妙にマッチ！

Point

p.46の手羽元のグリル同様に、自宅で事前に保存袋で漬けてから持ち運ぶと便利です。

残カンロ飴でも
Kanro 塩

レモングリルチキン

《材料 2人分》

鶏もも肉…1枚（300ｇ）
レモン…1/2個

A	カンロ飴…2個
	おろしにんにく…1片分
	白ワイン（または酒） …大さじ3
	塩…小さじ1/2
	粗びき黒こしょう・ ローズマリー…各適量

オリーブ油…大さじ1

《作り方》

1 鶏肉は余分な脂を取り、半分に切る。数カ所にフォークで穴を開ける。レモンは輪切りにする。

2 ジッパーつき保存袋に1とAを入れてよくもみ、保冷をして3〜4時間ほど漬ける。

3 フライパンにオリーブ油を入れて熱し、鶏肉を皮目から焼く。焼き色がついたら裏返して袋に残った汁とレモンの輪切りを加え、アルミホイルなどでふたをして蒸し焼きにする。

作り方も味つけも
とってもも簡単な
アイデアパスタ

＼塩カンロ飴でも／

ワンポットパスタ ︰

《材料 2人分》

ベーコン（厚切り）…80g
キャベツ…1/8個
オリーブ油…大さじ2
にんにく（みじん切り）…1片分
鷹の爪（種を取る）…1本
スパゲティ（半分に折る）…120g
黒オリーブ（種なし）…10個
水…300㎖
A｜カンロ飴…2個
　｜塩…小さじ1/2

《作り方》

1 ベーコンは1cm幅に切る。キャベツはざく切りにする。

2 鍋または深めのフライパンにオリーブ油を入れて熱し、にんにくと鷹の爪を入れて香りが出るまで炒める。ベーコンを加えて軽く炒め、水を加える。

3 沸騰したら、スパゲティ、キャベツ、黒オリーブ、Aを加えてふたをし、スパゲティの袋の表示時間通りに煮る（スパゲティが硬い場合は水を少し加えてさらに煮る）。

《材料 2人分》

にんにく（みじん切り）
　…1片分
オリーブ油…大さじ1
合びき肉…150g
ミックスビーンズ
　…100g

A｜カットトマト缶
　｜　…1缶（400 g）
　｜カンロ飴…2個
カレー粉…小さじ1
塩・こしょう…各少々
タコスチップス・
　パクチー（あれば）
　…適宜

チリコンカン

《作り方》

1 小鍋ににんにくとオリーブ油を入れて熱し、香りが出るまで炒め、ひき肉を入れて色がつくまで炒める。

2 ミックスビーンズとAを加えて10分ほど煮る。カレー粉を加え、塩、こしょうで味を調える。

3 あればタコスチップスとざく切りにしたパクチーを添える。

カンロ飴を加え
てほどよい味の
バランスに

丸ごと
オニオンスープ

《材料 2人分》

玉ねぎ…1個
バター…20g
カンロ飴…3個
水…300㎖

塩・こしょう…各少々
ピザ用チーズ・
　フランスパン
　（あれば）…各適宜

《作り方》

1 玉ねぎは薄切りにする。

2 小鍋にバターを入れて熱し、玉ねぎがしんなりするまで炒める。カンロ飴を加えて溶かしながら玉ねぎが飴色になるまで炒める。水を加えて沸騰したら塩、こしょうで味を調える。

3 器に盛り、あればフランスパンにピザ用チーズをのせて網などで焼き、つけながら食べる。

玉ねぎの甘味に
カンロ飴が
ぴったり♪

ミルクの
カンロ飴
7個で作っても

ほどよい甘味で
見た目も
楽しいスイーツ

丸ごと焼きりんご

《材料 2人分》

りんご…2個

A｜カンロ飴…4個
　｜バター…30g
　｜レーズン…小さじ2
　｜シナモンスティック…2本

《作り方》

1 りんごは芯の周りに切り込みを入れ、スプーンなどで芯を取る。

2 りんごの穴にAをそれぞれ半量ずつ詰め、アルミホイルで二重に包み、網の上または遠火で40分～1時間ほど焼く（自宅のオーブンで焼く場合は耐熱容器にのせ、200度で40分～1時間ほど焼く）。

ホット カンロチャイ

ミルクの
カンロ飴
8個で作っても

《材料 2人分》

水…100㎖
カンロ飴…5個
紅茶（ティーバッグ）…3袋
牛乳…300㎖

A｜おろししょうが…1片分
　｜シナモンパウダー…小さじ1/2
シナモンパウダー（お好みで）…適宜

《作り方》

1 小鍋に水とカンロ飴を入れて熱し、飴が溶けたらティーバッグを加えて濃く煮出す。

2 牛乳とAを加えてひと煮立ちさせ、カップに注ぎ、お好みでシナモンパウダーをふる。

コクのある
味わいで体も
ほっこり温まる

PART

3

道具ひとつで
チャチャッと
手軽に!

あいさんの
フライパン
おかず

人気料理ブロガーあいさん考案の
簡単フライパンレシピを紹介します。炒め物から煮物まで、
カンロ飴を使えば、フライパンひとつで作れて味つけも簡単に
できるお手軽レシピばかりです!!

Profile

あい

料理ブロガー。
結婚を機に料理を始め、苦手な料理をやめないため
にSNSを始める。2016年にライブドアブログの公
式トップブロガーとなり現在に至る。1児の母とし
て、簡単、時短、節約を意識したレシピ作りをして
おり、レシピ開発を中心にコラムなどの執筆も行う。
著書に『あいのシンプルおうちごはんBEST』(扶桑
社)がある。
ライブドアブログ:http://ainoouchigohan.blog.jp
Instagramアカウント:@ai.ouchigohan

コクのある味つけの鮭と大根おろしが絶妙

鮭ときのこのおろし煮 :

《材料 2人分》

生鮭（切り身）…2切れ
塩・こしょう…各少々
片栗粉…大さじ1/2
大根…5cm（200g）
しめじ…1/2株
えのきだけ…1/3株
サラダ油…大さじ1
A 水…200ml
　 醤油…大さじ2
　 酢…小さじ1
　 カンロ飴…2個
小ねぎ（小口切り）…適量

《作り方》

1 鮭はキッチンペーパーで水分をふき取り、全体に塩、こしょうをして片栗粉をまぶす。

2 大根は皮をむいておろし、軽く水気を切り、しめじは石づきを取って小房に分け、えのきだけは石づきを取って3〜4等分に切る。

3 フライパンにサラダ油を入れて中火で熱し、1を入れて両面に焼き目がつくように焼き、しめじとえのきだけを加えて炒め合わせる。

4 しんりとしてきたら大根おろしとAを加えてふたをし、15分ほど煮る。器に盛り、小ねぎを散らす。

Point
大根おろしの水分があまり出ないように軽く水気を切ってください。

豚肉のうま味とカンロ飴のコクで絶品

ポークビーンズ

《材料 2人分》

豚こま切れ肉…150g

にんじん…1/2本

玉ねぎ…1/2個

サラダ油…大さじ1

大豆水煮…130g

A｜カットトマト缶
　　…1缶（400ｇ）

　｜水…100ml

　｜コンソメスープの素（顆粒）
　　…小さじ1

　｜にんにく（チューブ）…5cm分

　｜カンロ飴…3個

塩・こしょう…各適量

《作り方》

1 豚肉は粗みじん切りにし、にんじん、玉ねぎは6〜7mm幅に切る。

2 フライパンにサラダ油を入れて中火で熱し、豚肉を入れて炒め、色が変わったら玉ねぎとにんじんを加え、玉ねぎが透き通るまで炒める。

3 大豆とAを加え、ふたをして20分ほど煮込み、塩、こしょうで味を調える。

キムチの辛味をカンロ飴がまろやかに

厚揚げともやしの コクうまキムチ煮

おつまみ
にも

《材料 2人分》

豚バラ薄切り肉…150g

厚揚げ…1枚

A｜水…150㎖

　　カンロ飴…4個

　　オイスターソース・醤油

　　　…各大さじ1/2

もやし…1/2袋

キムチ…100g

小ねぎ(小口切り)…適量

《作り方》

1 豚肉は食べやすい大きさに切り、厚揚げはキッチンペーパーで余分な油をふき取り、8等分に切る。

2 フライパンにAと1、もやし、キムチを入れてふたをし、15分ほど煮込む。器に盛り、小ねぎを散らす。

コクのある油揚げと卵が好相性

卵の袋煮

《材料 2人分》

油揚げ…2枚
卵…4個
A 水…300mℓ
　醤油…大さじ1と1/2
　カンロ飴…3個

Point
一度冷ますとしっかりと味がしみ
てさら="おいしくなります。

《作り方》

1 油揚げはキッチンペーパーで余分な油をふき取り、菜箸を押し当てながらコロコロ転がして広げる。半分に切って、切ったところから口を開き、袋状にする。

2 油揚げにそれぞれ卵を割り入れ、爪楊枝で口を留める。

3 フライパンにAを入れて中火で熱し、煮立ったらふたをして5分加熱し、カンロ飴を溶かし、2を入れて少し火を弱め、両面に火が通るまで煮る。

《材料 2人分》

ピーマン…4個	ごま油…大さじ1
ツナ缶…1缶(70g)	かつお節…小袋1/2袋
A 水…大さじ1	塩・こしょう
醤油…小さじ2	…各適量
カンロ飴…1個	

ツナに味がしみて止まらないおいしさに

無限ピーマン

《作り方》

1 ピーマンはヘタと種を取ってせん切りにし、ツナは汁気を切る。

2 フライパンにごま油を入れて中火で熱し、ピーマンを炒め、しんなりとしたらツナを加えてさっと炒める。

3 溶かしたA(溶かし方はp.8〜9参照)を加えて味をなじませ、かつお節を加えて混ぜ、塩、こしょうで味を調える。

《材料 2人分》

にんじん…1本	A 水…大さじ1
ツナ缶	醤油…小さじ2
…1缶(70g)	和風だしの素(顆粒)
卵…1個	…小さじ1/2
ごま油…大さじ1	カンロ飴…1個

カンロ飴がにんじんの甘味を引き出す

にんじんしりしり

《作り方》

1 にんじんはせん切りにし、ツナは汁気を切り、卵は溶く。

2 フライパンにごま油を入れて中火で熱し、にんじんを炒め、しんなりしてきたらツナと溶かしたA(溶かし方はp.8〜9参照)を加えてなじませ、汁気がなくなったら端に寄せる。

3 空いたところに少量のごま油(分量外)を入れて伸ばし、卵を流し入れて炒り卵を作ってから全体を混ぜる。

切り干し大根にしっかり味をしみ込ませて

すき焼き風切り干し大根

///

《材料 2人分》

さつま揚げ…小3枚
まいたけ…1/2株
長ねぎ…1/2本
にんじん…1/4本
サラダ油…大さじ1
切り干し大根（水で戻す）…30g
A 水…300㎖
　 醤油…大さじ3
　 カンロ飴…3個

《作り方》

1 さつま揚げは短冊切りにし、まいたけは小房に分け、長ねぎは斜め薄切り、にんじんはせん切りにする。

2 フライパンにサラダ油を入れて中火で熱し、水気を切って食べやすく切った切り干し大根、にんじんを炒める。

3 しんなりとしたらまいたけ、長ねぎ、さつま揚げを加えて炒め合わせる。

4 Aを加えてふたをし、ときどき混ぜながら15分ほど煮込む。

味がしみてほっこり落ち着く味わいに

ちくわと大根のおでん

《材料 2人分》

大根…300g

焼きちくわ…2本

ごま油…大さじ1

A 水…200ml

　鶏ガラスープの素(顆粒)

　　…小さじ1

　醤油…大さじ2

　カンロ飴…3個

ブロッコリースプラウト

　(あれば)…適宜

《作り方》

1 大根は皮をむいて5mm厚さの半月切りにし、ちくわは斜め薄切りにする。

2 フライパンにごま油を入れて中火で熱し、大根を入れて炒め、焼き目がついたらちくわを加えてさっと炒め、Aを加えてふたをし、15分ほど煮込む。

3 器に盛り、あれば根元を切ったブロッコリースプラウトをのせる。

コクと酸味の絶妙なバランス

中華風焼きなす

《材料 2人分》

なす…3本

ごま油…大さじ2と1/2

A | 水…50㎖
　| 酢…大さじ2
　| 鶏ガラスープの素（顆粒）
　| 　…大さじ1/2
　| にんにく（チューブ）…少々
　| カンロ飴…3個

白炒りごま・小ねぎ（小口切り）
　…各適量

《作り方》

1 なすはヘタを取って縦に切り、水に10分ほどさらす。キッチンペーパーで水気をふき取り、斜めに切り込みを入れる。

2 フライパンにごま油となすを入れてよく絡め、全体に油がなじんだら中火にかけ、なすに火が通るまで焼く。

3 溶かしたA（溶かし方はp.8～9参照）を加え、5分煮る。器に盛り、白炒りごま、小ねぎを散らす。

Point
マヨネーズは焦げやすいの
で、じゃがいもは弱火でじっ
くり火を通してください。

カンロ飴とマヨネーズでコクが出る

アスパラとじゃがいもの
コクマヨ炒め

おべんとう
にも

《材料 2人分》

アスパラガス…3本
じゃがいも…1個
ベーコン（ハーフ）…4枚
マヨネーズ…大さじ1
A｜カンロ飴…1個
　｜水…大さじ1と1/2
　｜鶏ガラスープの素（顆粒）
　｜　…大さじ1/2
　｜にんにく（チューブ）…2cm分
塩・こしょう…各少々

《作り方》

1 アスパラガスは1cmほど根元を切り落とし、根元からピーラーで3cmほど皮をむいて4cm幅に切り、じゃがいもは皮をむいて半月切りにし、ベーコンは短冊切りにする。

2 フライパンにマヨネーズを入れて中火で熱し、マヨネーズの周りがふつふつとしてきたらじゃがいもを入れて弱火で炒め、じゃがいもに火が通ったら中火に戻し、アスパラガスとベーコンを加えて炒める。

3 火が通ったら溶かしたA（溶かし方はp.8〜9参照）を加え、なじんだら塩、こしょうで味を調える。

カンロ飴とだしの風味が相性抜群

ひじき煮 ⠿

《材料 2人分》

にんじん…1/3本	**A** 水…150㎖
ちくわ…3本	和風だしの素
サラダ油…大さじ1	（顆粒）
芽ひじき	…小さじ1/2
（乾燥・水で戻す）	醤油…大さじ3
…15g	カンロ飴…4個

《作り方》

1 にんじんはせん切りにし、ちくわは輪切りにする。

2 フライパンにサラダ油を入れて中火で熱し、1と水気を切った芽ひじきを入れて炒め、全体に油が回ったらAを加えてふたをし、ときどき混ぜながら15分煮込む。

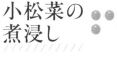
おべんとうにも

《材料 2人分》

小松菜…1束（250g）	**A** カンロ飴…3個
油揚げ…1枚	水…300㎖
	醤油…大さじ2
	和風だしの素
	（顆粒）
	…小さじ1

優しい味わいで
小松菜の食感も楽しめる

小松菜の 煮浸し ⠿

《作り方》

1 小松菜は3〜4cm幅に切り、しっかりと洗って水気を絞り、油揚げはキッチンペーパーで余分な油をふき取り、短冊切りにする。

2 フライパンにAを入れて煮立ったらふたをし、5分煮てカンロ飴を溶かし、小松菜の茎の部分と油揚げを入れて煮込む。

3 茎の部分に火が通ったら、葉の部分を加えてさっと煮る。

Point
小松菜の葉の部分はさっと煮て食感を残しましょう。

甘じょっぱくてやみつきになる！
魅惑の裏技

カンロ飴をプラスするだけでおいしくなる裏技レシピを紹介します。一度食べると

チーズのコクに
カンロ飴の
甘味がぴったり

‹塩カンロ飴でも›

おつまみ
にも

クアトロピザ

《材料 1枚分》

ピザクラスト（20cm）…1枚
モッツァレラチーズ（薄切り）
　…1/2個
チェダーチーズ・ブルーチーズ
　…各50g
粉チーズ…大さじ2
A｜カンロ飴…4個
　｜水…50㎖
粗びき黒こしょう…少々

《作り方》

1 ピザクラストにそれぞれのチーズを全体にのせ、200度のオーブンで12〜15分ほどチーズが溶けて焼き色がつくまで焼く。

2 小鍋に**A**を入れて熱し、カンロ飴が溶けてとろみがつくまで加熱する。

3 **1**に**2**をかけ、粗びき黒こしょうをふる。

レシピ

止まらなくなる魅惑のやみつきレシピをご堪能ください。

和風テイストの
ジャムが簡単に
作れる!

塩カンロ飴でも

フルーツソースパンケーキ ●●● ●●●

《材料 2人分》

いちご…150g

オレンジ…1個

A｜カンロ飴…6個
　｜レモン汁…大さじ2

パンケーキ…お好きな量

《作り方》

1 いちごはヘタを取って半分に切る。オレンジは皮をむいて1cm幅のいちょう切りにする。

2 耐熱容器にいちごとAの半量を入れてふんわりとラップをし、電子レンジで3分加熱して一度取り出し、軽く混ぜてさらに3分加熱する。Aの残り半量を使い、オレンジも同様に作る。

3 器にパンケーキを盛り、2をかける。

甘じょっぱくて
クセになる味と
食感♪

\塩カンロ飴でも/

生キャラメル

《材料 作りやすい分量》

生クリーム…200㎖
カンロ飴…8個

《作り方》

1 小鍋に生クリームとカンロ飴を入れて混ぜながら飴が溶けるまで弱火で温める。

2 飴が完全に溶けたら中火にし、もったりしてキャラメル色になるまで煮詰める。

3 バットにクッキングシートを敷き、**2**を流し入れ、粗熱が取れたら冷蔵庫で3時間ほど冷やして固める。お好みの大きさに切り分ける。

カンロバター
ポップコーン

バターの風味と
カンロ飴が
絶妙にマッチ

《材料 作りやすい分量》

サラダ油…大さじ1
とうもろこし
　（ポップコーン用）
　…50g

A｜カンロ飴…6個
　｜水…120㎖
　バター…30g

《作り方》

1 フライパンにサラダ油を入れて弱火で熱し、とうもろこしを入れてふたをし、揺すりながら加熱する。弾ける音がしなくなったら火を止める。

2 小鍋にAを入れて熱し、カンロ飴が溶けたらバターを加えてとろみがつくまで加熱する。

3 ボウルに1を入れ、2をかけてヘラなどで手早く混ぜる。

ソーダで割ると
手作りの
ジンジャーエールに

カンロ
ジンジャーシロップ

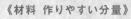

《材料 作りやすい分量》

しょうが…100g
レモン…1個

A｜カンロ飴…8個
　｜水…150㎖
　｜鷹の爪（種を取る）
　｜　…1本

《作り方》

1 しょうが、レモンは薄切りにする。

2 1とAを鍋に入れ、カンロ飴が溶けてしょうががしんなりするまで加熱する。

3 粗熱が取れたら清潔な保存容器に入れて保存する。

Point
ビールで割ったり、かき氷のシロップにしてもおいしく楽しめます。

カンロみそ汁

お好きな
みそ汁に加えて
コクをアップ！

《材料 2人分》

水…350mℓ	和風だしの素（顆粒）
カンロ飴…1個	…小さじ1
お好みの具材…適量	みそ…大さじ2
※ワカメ、長ねぎ、	
豆腐など	

《作り方》

1 鍋に水とカンロ飴を入れて弱火にかける。飴が溶けたらお好みの具材を加えて中火で煮る。

2 和風だしの素とみそを加えて溶き、ひと煮立ちさせて火を止め、器に盛る。

大人も子どもも
大好きな
甘じょっぱい味♪

みたらし餅

《材料 2人分》

A	カンロ飴…5個	切り餅…2個
	水…120mℓ	きな粉…適量

水溶き片栗粉

片栗粉…小さじ1
水…大さじ2

《作り方》

1 小鍋にAを入れて弱火で熱し、カンロ飴が溶けるまで加熱する。

2 一度火から下ろし、水溶き片栗粉を加えて混ぜ、再び中火にかけてとろみがつくまで混ぜながら加熱する。

3 トースターで餅を焼き、2ときな粉をかける。

PART

4

火を使わずに
ササッと
作れる！

もあいかすみさんの
電子レンジ
おかず

人気料理家でインフルエンサー、もあいかすみさん考案の
電子レンジおかずを紹介します。
すべて電子レンジだけで作れるので、難しい火加減は一切なし。
カンロ飴を使えば味つけも簡単なので、
誰でもおいしい料理が作れます!!

Profile
もあいかすみ
料理家・インフルエンサー。
大学卒業後、食品メーカーに就職。全国チェーンのレストランや量
販店など、幅広い業態のメニュー開発を手がける。忙しく働きなが
ら自炊してきた経験と、栄養士の資格を生かして料理研究家として
独立。Instagramで紹介している仕事や家事で忙しい人の為の簡単
時短レシピが大好評。著書に『MOAI's KITCHEN #OL仕事めし
がんばらなくてもできる おいしい！ すぐレシピ』（KADOKAWA）
がある。
Instagramアカウント：@moaiskitchen

カンロ飴が豚肉のうま味を引き立たせる

ねぎ巻きチャーシュー

《材料 2人分》

カンロ飴…4個
水…大さじ3
A｜酒…大さじ1
　｜醤油…大さじ2
　｜おろしにんにく…小さじ1/2
長ねぎ（白い部分）…1本
豚バラ薄切り肉…160g
塩・こしょう…各少々
薄力粉…大さじ1

《作り方》

1 耐熱ボウルにカンロ飴と水を入れてふんわりとラップをし、電子レンジで4分加熱してよくかき混ぜ、Aを加える。

2 長ねぎは半分に切る。

3 豚肉の半量をまな板に並べて塩、こしょうをし、薄力粉をふって2の半量をのせ、端から巻いていく。同様にもう1本作る。

4 耐熱皿にのせて1をかけ、ラップを密着させて電子レンジで3分加熱して裏返し、さらに3分加熱する。

Point
カンロ飴を溶かすときは、写真のように耐熱ボウルに入れてふんわりとラップをしてから加熱してください。

甘辛の味わいとだしの風味がマッチ

肉豆腐

おつまみにも

《材料 2人分》

カンロ飴…3個
水…大さじ2
A｜酒・醤油…各大さじ1
　｜和風だしの素（顆粒）
　｜　…小さじ1
牛切り落とし肉…100g
絹ごし豆腐…1丁（300ｇ）
七味唐辛子（お好みで）…適宜

《作り方》

1 大きめの耐熱ボウルにカンロ飴と水を入れてふんわりとラップをし、電子レンジで4分加熱する。A を加えて混ぜ、牛肉を加える。

2 豆腐はキッチンペーパーで包み、電子レンジで1分加熱する。

3 食べやすい大きさに切った豆腐を耐熱皿に並べ、1の牛肉が重ならないようにのせ、汁をかけてふんわりとラップをし、電子レンジで5分加熱する。

4 器に盛り、お好みで七味唐辛子をふる。

まろやかな甘酢あんでタラがおいしく

タラの甘酢あん

おつまみにも

《材料 2人分》

カンロ飴…2個

水…大さじ4

玉ねぎ…1/4個

ピーマン…1個

にんじん…1/4本

タラ(切り身)…2切れ

塩・こしょう…各少々

酒大さじ1

A | 醤油…小さじ2
　 | 酢…大さじ1

水溶き片栗粉

　片栗粉…小さじ1

　水…大さじ1

《作り方》

1 大きめの耐熱ボウルにカンロ飴と水を入れてふんわりとラップをし、電子レンジで4分加熱する。

2 玉ねぎは薄切りにし、ヘタと種を取ったピーマンとにんじんは細切りにして耐熱皿に入れる。

3 タラに塩、こしょうをして2の上にのせ、酒をふりかけてふんわりとラップをし、電子レンジで6分加熱する。タラは器に盛る。

4 1にAを加えてさらに電子レンジで2分加熱し、取り出したら水溶き片栗粉を加えて40秒加熱する。

5 3の野菜と4を混ぜ、タラにかける。

もあいかすみさんの 電子レンジおかず

だしとカンロ飴で
ほどよい甘味に

親子丼

《材料 2人分》

カンロ飴…3個
水…100㎖
A 和風だしの素（顆粒）
　…小さじ1/2
　醤油…大さじ2
　酒…大さじ1
鶏もも肉（1cm角に切る）
　…1/2枚分
玉ねぎ（細切り）…1/2個分
卵…4個
ご飯…2杯分
三つ葉（3cm幅に切る）…適量

《作り方》

1 大きめの耐熱ボウルにカンロ飴と水を入れてふんわりとラップをし、電子レンジで4分加熱してAを加え、混ぜる。

2 鶏肉と玉ねぎを加えてラップを密着させ、電子レンジで5分加熱し、よく混ぜる。

3 卵2個（全卵）と2個分の白身を溶いて、2に加える。ふんわりとラップをして電子レンジで2分加熱し、1分蒸らす。

4 器に盛ったご飯に3を盛り、残りの卵黄と三つ葉をのせる。

Point
ご飯の上に刻みのりを敷いてもOKです。

コクのある味わいと辛味で
ご飯がすすむ

ピリ辛肉みそなす丼

《材料 2人分》

カンロ飴…3個

水…大さじ3

A｜みそ・醤油…各大さじ1
　｜おろしにんにく…小さじ1/2
　｜トウバンジャン…小さじ1
　｜片栗粉…小さじ1

合いびき肉…100g

なす…3本

ごま油…大さじ1

ご飯…2杯分

小ねぎ（小口切り）…適量

《作り方》

1　大きめの耐熱ボウルにカンロ飴と水を入れ、ふんわりとラップをして電子レンジで4分加熱する。

2　1にAとひき肉を加えてふんわりとラップをし、電子レンジで3分加熱してかき混ぜ、さらに2分加熱する。

3　なすは乱切りにして耐熱皿に入れ、ごま油をかけてふんわりとラップをし、電子レンジで5分加熱し、2と混ぜる。

4　器にご飯を盛り、3をかけて小ねぎをのせる。

コク深い味わいが油揚げによくしみ込む

モチーズきんちゃく

《材料 2人分》

カンロ飴…3個		油揚げ
水…100㎖		（油抜きしたもの）
A	醤油…大さじ2	…2枚
	和風だしの素（顆粒）	切り餅…2個
	…小さじ1/4	スライスチーズ
		…2枚

《作り方》

1 大きめの耐熱ボウルにカンロ飴と水を入れてふんわりとラップをし、電子レンジで4分加熱し、Aを加えて混ぜる。

2 油揚げと餅は半分に切る。スライスチーズは半分に切って餅を包み、油揚げの中に入れ、口を爪楊枝で留める。

3 1に2を入れて密着するようにラップをし、電子レンジで2分加熱する。一度取り出して裏返し、再度密着するようにラップをし、電子レンジで2分加熱する。

カンロ飴とみそのコクが
こんにゃくをおいしく

こんにゃくの みそ田楽

張カンロ飴でも

おつまみにも

《材料 2人分》

カンロ飴…3個	合わせみそ…大さじ2
水…大さじ3	白炒りごま…適量
こんにゃく…1枚	

《作り方》

1 耐熱ボウルにカンロ飴と水を入れてふんわりとラップをし、電子レンジで4分加熱してみそを溶かし入れ、ラップを外してさらに電子レンジで1分加熱し、よく混ぜる。

2 こんにゃくは4等分にし、両面に格子状の切り目を入れる。耐熱容器に入れ、こんにゃくが浸かるくらいの水（分量外）を加え、電子レンジで3分加熱する。

3 2に1をのせ、白炒りごまをふる。お好みでこんにゃくに竹串を刺す。

《材料　2人分》

カンロ飴…2個	おろしにんにく
水…大さじ3	…小さじ1
玉ねぎ…1/2個	ご飯…2杯分
サバ缶（水煮）	温玉…2個
…1缶（190g）	
カレールー…2片	

カンロ飴とサバ缶のコクで
深みのある味に

塩カンロ飴でも

サバ缶キーマ

《作り方》

1　大きめの耐熱ボウルにカンロ飴と水を入れてふんわりとラップをし、電子レンジで4分加熱する。

2　みじん切りにした玉ねぎ、サバ缶を汁ごと、カレールー、おろしにんにくを加えてふんわりとラップをし、6分加熱してよく混ぜる。

3　器に盛ったご飯の上に2をかけ温玉をのせる。

コクのあるツナがご飯にぴったり

ツナそぼろ

《材料　4個分》

カンロ飴…2個	ツナ缶（油漬け）
水…大さじ2	…2缶（140g）
醤油…大さじ2	ご飯・のり・塩
	…各適量

《作り方》

1　大きめの耐熱ボウルにカンロ飴と水を入れてふんわりとラップをし、電子レンジで4分加熱し、醤油を混ぜる。

2　油を切ったツナを加えて混ぜ、電子レンジで1分30秒加熱する。

3　2を具材（のせる用は残しておく）にして塩おにぎりを作り、残した具材を上にのせ、のりを巻く。

おべんとうにも

食材のうま味にカンロ飴のコクをプラス

かた焼きそば

《材料 2人分》

カンロ飴…2個

水…大さじ4

A 醤油・
　鶏ガラスープの素(顆粒)・
　ごま油…各小さじ1
　酒…大さじ1
　オイスターソース
　　…大さじ1と1/2

にんじん(短冊切り)…1/4本分

えのきだけ(石づきを落として
　半分に切る)…1/2袋分

きくらげ(水で戻す)…4片

豚バラ薄切り肉(細切り)…100g

エビ…30g

もやし…1袋

ニラ(3cm幅に切る)…2本分

水溶き片栗粉
　片栗粉…小さじ2
　水…大さじ2

かた焼きそば麺…2人分

《作り方》

1 大きめの耐熱ボウルにカンロ飴と水を入れてふん
　わりとラップをし、電子レンジで4分加熱し、よく混
　ぜてAを加える。

2 別の大きめの耐熱ボウルににんじん、えのきだけ、
　きくらげ、豚肉、エビ、もやしの順にのせて密着す
　るようにラップをし、上に重石をのせて電子レンジ
　で8分加熱する。

3 2のボウルに1とニラ、水溶き片栗粉を加えてよく
　混ぜ、さらに電子レンジで2分加熱する。

4 器に盛ったかた焼きそば麺の上に3をかける。

カンロ飴を使えばもちっとした食感に

きのこのバター醤油パスタ

《材料 2人分》

スパゲティ…200g
えのきだけ…30g
まいたけ…30g
しいたけ(軸を取って薄切り)2個
ベーコン(薄切り)…60g
A 水…450mℓ
　 カンロ飴…2個
　 醤油…大さじ1
　 酒…小さじ2
塩・こしょう…各適量
バター…10g
粉チーズ…大さじ2
小ねぎ(小口切り)…適量

《作り方》

1 大きめの耐熱皿にスパゲティ、きのこ類、ベーコン、Aを加え、電子レンジでスパゲティの袋の表示時間プラス5分で加熱する。

2 塩、こしょう、バター、粉チーズを加えてよく混ぜる。

3 器に盛り、小ねぎを散らす。

Point
スパゲティは半分に折ってから
入れてもOKです。

カンロ飴の甘味でほどよい辛さとコクに

チゲうどん

《材料 2人分》

A みそ・酒…各大さじ2
　カンロ飴…2個
　鶏ガラスープの素（顆粒）・
　おろしにんにく
　　…各小さじ1
　水…500㎖
　醤油…小さじ2
白菜キムチ…200g
豚こま切れ肉…120g
うどん（冷凍）…2玉
ニラ（3cm幅に切る）…2本分
温玉…2個
ごま油…大さじ1

《作り方》

1 大きめの耐熱ボウルにAとキムチを入れてふんわりとラップをし、電子レンジで5分加熱してよく混ぜる。

2 豚肉を加えてふんわりとラップをし、さらに5分加熱してよく混ぜる。

3 うどんは袋の表示時間通りに電子レンジで加熱する。

4 器に 3 を入れ、 2 をかける。ニラ、温玉をのせてごま油を回しかける。

カンロ飴でひと味違う深みに！
漬物 & 梅酒

カンロ飴をプラスして深みのある味わいになる漬物＆梅酒レシピです。

うま味たっぷりで
シャキシャキ
食感も◎

＼塩カンロ飴でも／

おべんとう
にも

きゅうりの浅漬け

《材料 作りやすい分量》

きゅうり…3本

A｜カンロ飴…2個
　｜塩…小さじ1
　｜昆布（5×10cm）…1枚
　｜鷹の爪（輪切り）…少々

《作り方》

1 きゅうりはしま目になるようにピーラーで皮をむき、1cm幅の斜め薄切りにする。

2 ジッパーつき保存袋に1とAを入れてもみ込み、冷蔵庫に半日ほどおく。

レシピ

ほのかな甘味と食材がマッチしてクセになること間違いなしです。

まろやかな
酸味でやみつきに
なる味わい

＼塩カンロ飴でも／

かぶの甘酢漬け

《材料 作りやすい分量》

かぶ…3個
みょうが…2個
A｜カンロ飴…3個
　｜塩…小さじ1
　｜酢…大さじ3
　｜昆布（5×10cm）……1枚
　｜鷹の爪（輪切り）……少々

《作り方》

1 かぶは皮をむいて8等分のくし形切りにする。みょうがは縦半分に切る。

2 ジッパーつき保存袋に1とAを入れてもみ込み、冷蔵庫に1日おく（半日で漬ける場合は、カンロ飴と酢を大きめの耐熱ボウルに入れ、ふんわりとラップをして電子レンジで3分ほど加熱し、残りの材料と合わせる）。

コクと甘味が
マッチしてひと味
違う味わいに

塩カンロ飴でも

Point

1年ほどおくと一層おいしくなり
ます。1年以上おく場合は、梅を
取り除いて保存してください。

梅酒

《材料 作りやすい分量》

青梅…150g
カンロ飴…1袋
ホワイトリカー
　（35度以上のアルコールで
　あればほかの酒でも）…280ml

《作り方》

1 梅は優しく水洗いし、竹串の先でヘタを取り、傷
をつけないよう布巾で水気をふき取る。

2 消毒してしっかり乾かした保存瓶に梅とカンロ飴を
交互に入れる。

3 ホワイトリカーを注ぎ、しっかりとふたをして冷暗所
で保存する。ときどきビンを静かに回して液を均一
にする。6カ月ほどで完成。

炊飯釜に
ポンと入れて
味つけ完了!

星野奈々子さんの

ほったらかし
おかず

人気料理家でフードコーディネーター星野奈々子さんの
炊飯器レシピを紹介します。すべての材料を炊飯釜に入れて
スイッチを押すだけで、料理が完成します。
おかずからスープまでバリエーション豊かな
料理が楽しめます!!

Profile

星野奈々子

料理家・フードコーディネーター。
ITエンジニアとして働きながら、本格的に料理の勉強を
始め、退職後にフードコーディネーターとして独立する。
著書に『炊飯器レシピ』(枻出版社)、『ワンパターン買い
が平日晩ごはんをラクにする。』(学研プラス)など多数。
ほかにも企業のレシピ開発など、フードスタイリングを
中心に活動している。
Instagramアカウント : @hoshino.nanako

ほのかな甘味が魚介のうま味とマッチ

魚介のパエリア

《材料 4人分》

米…2合
エビ（無頭・殻つき）…8尾
パプリカ（赤・黄）…各1/2個
アサリ（砂抜きしたもの）…200g
A｜ カンロ飴…4個
　　水…300㎖
　　塩…小さじ1
レモン（くし形切り）…1/2個分
パセリ（みじん切り）…適量

《作り方》

1　米は研いで30分ほど浸水させ、ざるに上げる。

2　エビは尾を残して殻をむき、背ワタを取る。パプリカはヘタと種を取り、2cm角に切る。アサリは流水でよく洗う。

3　炊飯釜に1とAを入れて軽く混ぜ、2をのせて炊く。

4　炊き上がったら器に盛り、レモンを添え、パセリを散らす。

Point
具材をシーフードミックスに替えて作ればお手軽に。

カンロ飴でコクのある味わいに変身

ビーフストロガノフ

《材料 4人分》

牛薄切り肉…300g
片栗粉…小さじ1
マッシュルーム…6個
玉ねぎ…1/2個
にんにく…1片
A｜カンロ飴…3個
　｜カットトマト缶…200g
　｜水…200㎖
　｜塩…小さじ1
パセリ（みじん切り）…適宜
サワークリーム…100g程度

《作り方》

1 牛肉は片栗粉をまぶす。マッシュルームは石づきを取って薄切りにし、玉ねぎ、にんにくは薄切りにする。

2 炊飯釜に1とAを入れ、軽く混ぜて炊く。

3 器に盛り、パセリを散らし、サワークリームを添える。

Point
サワークリームを混ぜながら食べましょう。サワークリームの代わりに生クリームを使ってもOKです。

カンロ飴で肉のうま味とキャベツの甘味が引き立つ

豚肩ロースとキャベツの
粒マスタード煮

《材料 4人分》

豚肩ロースブロック肉…500g

塩…小さじ1

キャベツ…1/4個(300g)

A｜カンロ飴…4個
｜水…200㎖
｜粒マスタード…大さじ2

タイム(あれば)…2〜3枝

《作り方》

1 豚肉は4等分に切り、表面に塩をまぶす。キャベツは縦半分に切る。

2 炊飯釜に1とAを入れ、あればタイムをのせて炊く。

Point

保温して1〜2時間おくと、さらに豚肉がやわらかくなります。

それぞれの食材のうま味を
凝縮したおかず

イカの肉詰め

《材料 4人分》

するめイカ…2杯
玉ねぎ…1/4個
マッシュルーム…2個
鶏ひき肉…200g
塩…小さじ1/2
A｜カンロ飴…4個
　｜水…300㎖
　｜塩…小さじ1

《作り方》

1 イカは胴から足を内臓ごと抜き、軟骨を除いて胴の中を洗う。目の上で内臓を切り離し、目とくちばしを取る。足は1本ずつに切り、足先を落として5cm幅に切る。

2 玉ねぎ、マッシュルームはみじん切りにしてボウルに入れ、ひき肉、塩を加えてよく混ぜ合わせる。

3 1の胴に等分に詰め、爪楊枝で留める。

4 炊飯釜に3とイカの足を入れ、Aを加えて炊く。

味つけはカンロ飴とオレンジジュースで簡単に

豚スペアリブと
オレンジの煮込み

《材料 4人分》

豚スペアリブ…8本（600g）
塩…小さじ1
玉ねぎ…1/2個
A｜カンロ飴…4個
　｜オレンジジュース…200㎖
　｜ローリエ…1枚

《作り方》

1 豚肉は表面に塩をもみ込み、玉ねぎは薄切りにする。

2 炊飯釜に1とAを入れて炊く。

Point

豚肉は時間があれば塩をもみ込んでひと晩おくと味がよくなじみます。保温して1〜2時間おくとさらに豚肉がやわらかくなります。

ほどよく甘いご飯と
桜エビの風味が絶品

中華おこわ

星野奈々子さんの
ほったらかしおかず

《材料 4人分》

米…2合
豚バラ薄切り肉…100g
たけのこ（水煮）…100g
しいたけ…2枚
しょうが…1片
A｜カンロ飴…4個
　｜水…360ml
　｜塩…小さじ1
桜エビ…大さじ2

《作り方》

1 米は研ぎ、30分ほど浸水させてざるに上げる。

2 豚肉は3cm幅に切り、たけのこは食べやすい大きさに切る。しいたけは軸を取って薄切りにする。しょうがはせん切りにする。

3 炊飯釜に1とAを入れて軽く混ぜ、2と桜エビをのせて炊く。

カンロ飴とトマトの酸味でほどよい味わい

鶏もも肉ときのこの
トマト煮

《材料 4人分》

鶏もも肉…2枚	**A** カンロ飴…3個
塩…小さじ1/2	カットトマト缶
しめじ…1袋(100g)	…1缶(400g)
	黒こしょう…少々

《作り方》

1 鶏肉は余分な脂を取り、表面に塩をまぶす。しめじは石づきを取り、小房に分ける。

2 炊飯釜に**1**と**A**を入れて炊く。

おつまみ
にも

それぞれの食材のうま味とカンロ飴がマッチ

夏野菜とベーコンのトマト煮

《材料 4人分》

なす・ズッキーニ	**A** カンロ飴…3個
…各1本	カットトマト缶
パプリカ(赤・黄)	…1缶(400g)
…各1/2個	黒オリーブ(種なし)
ベーコン(薄切り)	…10個
…40g	塩…小さじ1/2
にんにく…1片	

《作り方》

1 なすとズッキーニはヘタを落として2cm角に切る。パプリカはヘタと種を取り、2cm角に切る。ベーコンは1cm四方に切る。にんにくは薄切りにする。

2 炊飯釜に**1**と**A**を入れ、軽く混ぜて炊く。

おつまみ
にも

おべんとう
にも

星野奈々子さんの

ほったらかしおかず

カンロ飴で落ち着いた和風の味わいに

鶏手羽元のポトフ

《材料 4人分》

鶏手羽元…6本
塩…小さじ1
玉ねぎ・じゃがいも
　…各1個
にんじん…1/2本
キャベツ…1/8個

A｜カンロ飴…4個
　｜水…600ml
　｜ローリエ…1枚
ディジョンマスタード
　（あれば）…適宜

《作り方》

1　手羽元は表面に塩をまぶす。玉ねぎ、じゃがいも、にんじんは4等分に切る。

2　炊飯釜に1とキャベツ、Aを入れて炊く。

3　器に盛り、あればマスタードを添える。

カンロ飴の甘味と野菜の甘味がぴったり

レンズ豆と野菜の
スープ

《材料 4人分》

レンズ豆…75g
ベーコン（薄切り）
　…40g
玉ねぎ…1/2個
にんじん…1/2本
にんにく…1/2片

A｜カンロ飴…4個
　｜水…600ml
　｜塩…小さじ1
　｜ローリエ…1枚

《作り方》

1　レンズ豆は洗ってざるに上げ、水気を切る。ベーコンは1cm四方に切り、玉ねぎ、にんじんは1cm角に切る。にんにくは薄切りにする。

2　炊飯釜に1とAを入れて炊く。

カンロ株式会社

飴を中心とした菓子の製造を事業の中核とする食品メーカー。「カンロ飴」を始め、「金のミルク」、大人の女性に向けたグミ市場を創り上げた「ピュレグミ」など、ヒット商品を多数発売。2012年からは直営店「ヒトツブカンロ」を運営し「ヒトからヒトへ つながる ヒトツブ」をコンセプトにキャンディの魅力を発信する。

//////////////////////

Staff

編集／株式会社A.I

アートディレクション＆デザイン／ohmae-d

撮影／奥村暢欣

スタイリング／木村遥

イラスト／桜木由加里

校閲／丸山顕応

いつものごはんにひと粒カンロ。
頑張らなくてもプロの味

カンロ飴食堂へようこそ

2021年6月29日　初版第1刷発行

著者　　カンロ株式会社
発行人　川島雅史
発行所　株式会社小学館
　　　　〒101-8001
　　　　東京都千代田区一ツ橋2-3-1
　　　　編集　03-3230-5558
　　　　販売　03-5281-3555

印刷所　大日本印刷株式会社
製本所　株式会社若林製本工場

販売　　中山智子
宣伝　　井本一郎
制作　　長谷部安弘
編集　　増田祐希

©KANRO Co., Ltd.2021
Printed in Japan

ISBN 978-4-09-310685-6